公路交通安全设施精细化提升关键技术指南

主编单位：交通运输部公路科学研究院

人民交通出版社股份有限公司

北 京

图书在版编目(CIP)数据

公路交通安全设施精细化提升关键技术指南 / 交通运输部公路科学研究院主编. — 北京：人民交通出版社股份有限公司, 2023.6
ISBN 978-7-114-18707-0

Ⅰ.①公… Ⅱ.①交… Ⅲ.①公路运输—交通运输安全—安全设备—设计—中国—指南 Ⅳ.①U491.5-62

中国国家版本馆CIP数据核字(2023)第047551号

Gonglu Jiaotong Anquan Sheshi Jingxihua Tisheng Guanjian Jishu Zhinan

书　　名：	公路交通安全设施精细化提升关键技术指南
著 作 者：	交通运输部公路科学研究院
责任编辑：	吴有铭　潘艳霞
责任校对：	孙国靖　宋佳时
责任印制：	张　凯
出版发行：	人民交通出版社股份有限公司
地　　址：	(100011)北京市朝阳区安定门外外馆斜街3号
网　　址：	http://www.ccpcl.com.cn
销售电话：	(010)59757973
总 经 销：	人民交通出版社股份有限公司发行部
经　　销：	各地新华书店
印　　刷：	北京市密东印刷有限公司
开　　本：	880×1230　1/16
印　　张：	3.75
字　　数：	77千
版　　次：	2023年6月　第1版
印　　次：	2023年6月　第1次印刷
书　　号：	ISBN 978-7-114-18707-0
定　　价：	40.00元

(有印刷、装订质量问题的图书，由本公司负责调换)

交通运输部办公厅关于印发《公路交通安全设施精细化提升关键技术指南》的通知

交办公路函〔2023〕690号

各省、自治区、直辖市、新疆生产建设兵团交通运输厅（局、委）：

　　为科学规范开展公路安全设施和交通秩序管理精细化提升行动，保障实施效果，经交通运输部同意，现将《公路交通安全设施精细化提升关键技术指南》印发给你们。请结合本地区实际，抓好落实。

交通运输部办公厅
2023年5月22日

前　言

近年来，交通运输部组织全国在役公路实施了公路安全保障工程、公路安全生命防护工程，完善了各类交通安全设施，改善了行车安全保障条件。为深入贯彻落实人民至上、生命至上理念，持续促进公路交通安全形势稳定向好，2022年2月，交通运输部办公厅、公安部办公厅联合印发《公路安全设施和交通秩序管理精细化提升行动方案》（交办公路〔2022〕14号），决定在全国实施公路安全设施和交通秩序管理精细化提升行动，要求按照"问题导向、系统思维、精准施策、标本兼治"的原则，交通运输部门负责做好公路交通安全设施精细化提升工作，公安部门负责做好交通秩序管理精细化提升工作，力争实现公路"安全保障能力系统提升、安全管理水平显著提升、交通事故明显下降"的目标，为人民群众出行创造更加安全的公路交通环境。

在役公路交通安全设施的设置与公路既有技术条件、交通条件、地形条件、环境条件密切相关。由于我国公路建设年代不同、建设标准不同，适用于新建和改扩建公路的标准规范，对在役公路不完全适用。为更好指导公路交通安全设施精细化提升工作实施，交通运输部公路局组织编制了《公路交通安全设施精细化提升关键技术指南》（以下简称《指南》）。《指南》基于现行相关标准规范，结合我国在役公路交通安全设施的实际情况，吸收和借鉴了相关研究成果，总结了相关工程经验，提出了交通安全设施精细化提升总体要求，交通标志标线、护栏、穿城镇路段、平面交叉处置措施，以及多种配合措施。

《指南》提出的设施、措施和有关技术要求，各地可根据当地实际情况使用。鼓励各地结合当地实际，制定更高要求的技术规范。各地在使用过程中发现的问题或建议，请及时反馈至交通运输部公路科学研究院（地址：北京市海淀区西土城路8号，邮编：100088，电话：010-62079505，电子邮箱：jtaqgf@rioh.cn），以便进一步修改和完善。

主编单位：交通运输部公路科学研究院

主要编写人员：唐琤琤　贾　宁　刘洪启　狄胜德　郑　昊　杨曼娟
　　　　　　　　吴京梅　周　建　邬洪波　张铁军　邰永刚　刘志刚
　　　　　　　　刘汉雷

目 录

1 总则 ·· 1

2 总体要求 ·· 2

3 交通标志标线 ·· 5
   3.1 交通标志 ·· 5
   3.2 交通标线 ··· 11

4 护栏 ·· 14
   4.1 中央分隔带护栏 ··· 14
   4.2 路侧护栏 ·· 17
   4.3 桥梁护栏 ·· 20
   4.4 护栏过渡与端头 ·· 21

5 穿城镇路段 ·· 24

6 平面交叉 ··· 32
   6.1 一般规定 ·· 32
   6.2 交叉间距 ·· 32
   6.3 交叉视距 ·· 33
   6.4 几何形状 ·· 36
   6.5 纵断面线形 ·· 41
   6.6 进出口车道布置 ·· 43
   6.7 非机动车及行人保护 ·· 48

附则 ··· 49

附录A 穿城镇路段确定方法 ·· 50

1 总则

1.0.1 为指导"公路安全设施和交通秩序管理精细化提升行动"中的公路交通安全设施精细化提升工作，制定本指南。

1.0.2 在役公路经排查评估需要进行交通安全设施精细化提升的路段，一般情况下参照现行规范实施，但因条件受限难以实施或现行规范没有相关规定的，经论证可采用本指南提供的解决方案。

1.0.3 本指南适用于在役高速公路、一至四级公路以及四级公路（Ⅰ类）、四级公路（Ⅱ类）交通安全设施精细化提升。

1.0.4 公路交通安全设施精细化提升应坚持"安全、有效、经济、实用"的原则，并充分吸收各地成熟经验。

1.0.5 公路交通安全设施精细化提升在采用工程措施的同时，还应与交通管理措施相结合，通过宣传教育提升公路使用者安全意识，采取执法措施管控公路使用者行为，提高交通安全水平。

1.0.6 公路交通安全设施精细化提升应积极稳妥地采用新材料、新设备、新工艺、新技术，并综合考虑社会效益、环境效益与经济效益。

2 总体要求

2.0.1 应在对在役公路交通安全设施现状进行排查评估的基础上，确定公路交通安全设施精细化提升的点段及技术方案。

2.0.2 公路交通安全设施精细化提升应按现场调查、排查评估、方案制定、施工图设计、施工、效果跟踪的流程进行。

条文说明

现场调查主要包括交通流量、交通组成、运行速度、周边环境、非机动车与行人流量的调查，设计资料、养护历史的调查，事故数据及事故成因分析等。具体需调查的内容包括：

（1）路段的基本情况：收集公路设计图纸，包括公路新建、改扩建及养护工程的施工图、竣工图，了解路段建设历史、在路网中的定位、建设技术指标，交通安全评价报告，平面交叉、接入口的分布、是否设置有信号灯，桥涵、隧道、地下通道、过街天桥的设置情况等；

（2）现状横断面的布置，包括中央分隔带、侧分隔带的宽度和形式，行车道、硬路肩、土路肩、路缘带的宽度等；

（3）交通安全设施的设置现状：通过现场调查和测量，明确提升路段是否设置有护栏、护栏的形式和防护能力，交通标志标线的设置情况等；

（4）路侧环境，包括沿线厂矿企业、学校、医院分布情况，树木、路灯、信号灯、管廊的设置位置、形式等；

（5）服务设施的设置，包括加油站、服务站、停车点等；

（6）路段的交通流特征，包括交通流量、交通组成、运行速度、重要交通节点的转向交通流量等，是否通行公交车、校车，以及其停靠点位，防疫、检查站点等；

（7）路段交通通行管理措施，包括是否允许货车通行，限速方案，监控和执法设施、检查站点的设置情况等；

(8)行人、非机动车的通行需求及设施情况;

(9)通过问卷、走访座谈等了解路段的提升需求,包括驾驶人、当地居民、地方政府的需求等。

2.0.3 应在分析提升点段历史事故成因,充分调查公路功能及路域环境、交通组成特点,明确现状交通安全设施适用性、提升需求和目标的基础上,基于路段现状条件,综合确定公路交通安全设施精细化提升方案。

条文说明

公路交通安全设施精细化提升方案的目标主要是根据服务对象、交通组成需求,明确交通安全设施提升后应达到的标准。

2.0.4 公路交通安全设施精细化提升不宜对当前公路基础设施做较大改动,应重点通过横断面重新布置,交通标志标线、护栏等交通安全设施完善,提升公路交通安全保障水平。

2.0.5 对于受周边环境制约,交通安全设施提升对原有公路基础设施改动较多、施工难度较大的,可列入公路改扩建或与其他养护工程一并实施。

2.0.6 公路交通安全设施精细化提升设计指标的采用,应综合考虑公路设计速度、实际运行速度、交通量及组成、路侧环境、横向干扰程度、历史事故成因等因素。

2.0.7 穿城镇路段、平面交叉进行提升时,应遵循下列原则:

1 应在尽量少移动原有结构物(照明灯杆、管廊、信号灯杆等)的前提下实施;

2 设计文件除标准横断面设计图外,还应包括不同横断面过渡段设计图,每个平面交叉口、接入口的详细设计图;

3 公交车、校车停靠站点,学校、医院路段应作为重点路段考虑,进行方案制定和设计;

4 小范围土建工程宜控制在下列几个方面:

1)移动中央分隔带、侧分隔带、人行道位置,或改变其宽度;

2)平面交叉调整设计渠化;

3)增加或封闭部分中央分隔带、侧分隔带开口,路侧接入口等;

4）通过协调相关部门调整建设公交车停靠站。

2.0.8 横断面调整需与护栏、隔离设施的布置协调，平面交叉渠化需与交通标志标线等设置协调。

2.0.9 公路交通安全设施精细化提升如果涉及用地、管线移位、管理措施等，宜联合公安交通管理部门，沟通地方政府协调实施。

2.0.10 公路交通安全设施精细化提升实施后，应进行效果跟踪，总结典型案例、实施经验。

3 交通标志标线

3.1 交通标志

3.1.1 柱式线形诱导标受声屏障等设施影响无法设置时,可采用在声屏障等设施上粘贴线形诱导标的方式替代,粘贴时应采用大角度反光膜。

条文说明

线形诱导标设置时有高度和角度要求。当设置声屏障时,尤其是设置桥梁段设置声屏障时,声屏障占用了线形诱导标设置的空间,采用在声屏障上线形诱导标设置高度处粘贴线形诱导标,可一定程度上替代线形诱导标。但需要采用大角度反光膜,弥补线形诱导标不能垂直于驾驶人视线的缺陷。

3.1.2 隧道内设置交通标志时,可充分利用隧道内的空间,设置为非矩形标志以扩大交通标志的面积,如图3.1.2所示。异形交通标志不得侵入建筑限界,同时应避免被其他设施遮挡。

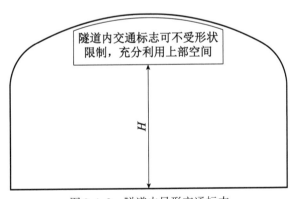

图3.1.2 隧道内异形交通标志

条文说明

现行《道路交通标志和标线》(GB 5768)中规定指路标志形状为矩形,但为了充分利用隧道内的空间,隧道内标志可使用异形,增加版面的面积。

3.1.3 收费广场长度较短时，可减少部分标志，也可采用门架的方式在同一断面组合设置。

条文说明

收费广场长度过短会导致各类标志相互遮挡，如收费站预告标志、ETC车道指引标志、入口禁令标志、称重及治超类标志等。

一是可以根据优先级减少部分标志的设置，如表3-1所示。

表3-1 收费广场常见标志

标　　志	示　　例	优　先　级
入口禁令标志		★
收费车道标志		★（可采用可变信息标志）
收费站标志		☆
ETC车道指引标志		☆
货车称重指示标志		☆
超限车辆返回标志		☆

续上表

标　志	示　例	优先级
绿通车辆核验标志		☆
超限超载称重检测标志		☆

注："★"为应设置的标志，优先级高；"☆"为宜设置或可设置的标志，在收费广场长度不足时可酌情取消。

二是这些标志采取设置门架的方式在同一断面组合设置，避免相互遮挡，如图3-1所示。

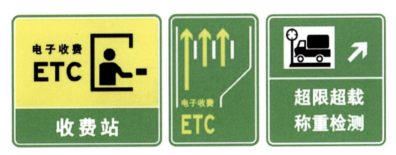

图 3-1　某收费站入口广场组合门架设置示例

3.1.4 互通与隧道间距较小路段交通标志可采用下列方案：

1　隧道出口距离互通出口小于2km但大于1km、且隧道内没有空间设置出口2km预告标志时，宜在隧道入口前补充设置一级出口预告标志，出口预告标志的距离按实际距离取整数，见图3.1.4-1。

2　隧道出口距离互通出口小于1km但大于500m、且隧道内没有空间设置出口预告标志时，应在互通出口前增加设置出口800m、700m、600m预告标志，见图3.1.4-2。

3　隧道出口距离互通出口小于500m时，宜在出口前设置300m、200m和100m出口预告标志，并在隧道入口前100m将最右侧车道分配给出口车流，增设按车道指引标志，在隧道入口前500m设置"前方出口，及时变道"的告示性标志，见图3.1.4-3。

4 长度大于5km的隧道宜在隧道内增设出口编号标志或部分出口信息的预告标志。

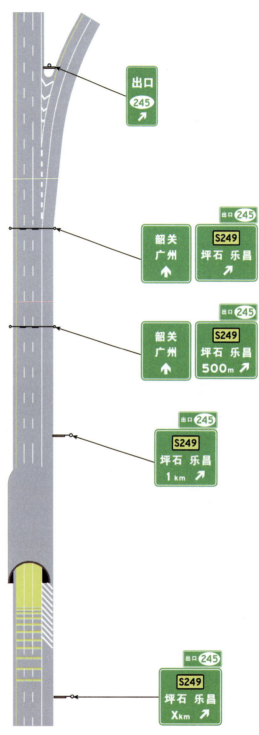

图 3.1.4-1 隧道出口距离互通出口小于 2km 时标志和标线综合设置示例

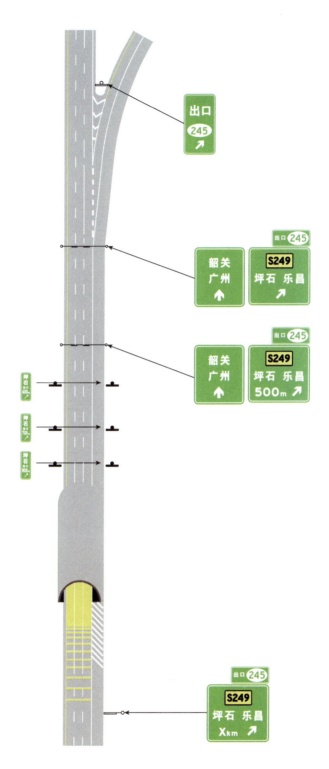

图 3.1.4-2 隧道出口距离互通出口小于 1km 时标志和标线综合设置示例

注：800m、700m、600m 预告标志可设置在路侧或中央分隔带，或两侧同设。

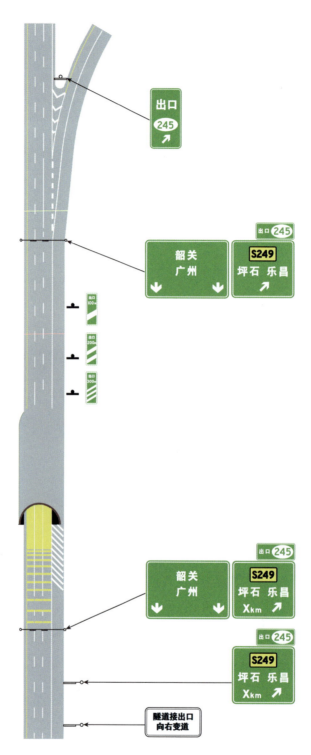

图 3.1.4-3 隧道出口距离互通出口小于 500m 时标志和标线综合设置示例

条文说明

互通与隧道间距较小时，可能会导致 2km 出口预告、1km 出口预告、500m 出口预告标志无法设置。根据互通与隧道间距的情况以及无法设置的出口预告标志对安全影响的紧急程度,给出了相应的解决方案。当间距小于 2km、大于 1km 时,只是 2km 出口预告标志受到影响,此时在隧道入口前补充设置一级出口预告标志即可。当间距小于 1km、大于 500m 时、2km 出口预告标志和 1km 出口预告标志均受到影响,无法设置,此时除了在隧道入口前补充设置一级出口预告标志外,还需要对 1km 出口预告标志无法设置的情形进行弥补,设置 800m、700m 和 600m 出口预告标志。当间距小于 500m 时,2km 出口预告标志、1km 出口预告标志以及 500m 出口预告标志均受到影响,无法设置,此时在隧道入口前应补充两级出口预告标志,在进入隧道前组织好车流,让出口车流提前驶入最右侧车道,以防在出隧道后因无法及时变车道而错过出口。此外,对 500m 出口预告标志无法设置的情形进行弥补,设置 300m、200m 和 100m 出口预告标志。

对于长度大于 5km 的长隧道,由于担心驾驶人在长时间驾驶后,对出口预告信息容易遗忘,建议此种情形应该将出口编号标志或部分出口信息的出口预告标志设置在隧道内。

3.2 交通标线

3.2.1 车行道边缘线设置条件受限时,应满足下列要求:

1 高速公路和干线一级公路左侧路缘带内有排水沟导致车行道边缘线无法设置时,标线可部分或全部设置在内侧行车道内。

2 二级及二级以下公路右侧路肩不具备设置标线条件时,可将标线部分或全部设置在车道内。

3 车道剩余宽度不宜小于车道原始宽度减去车行道边缘线宽度。

4 车行道边缘线占用车道宽度的路段前后应设置渐变段。

条文说明

车行道边缘线是不计入车道宽度的,但当设置条件受限时,首先应保证车行道边缘线的施划,所以可全部或部分设置在车道内。但需要注意的是,当占用车道宽度时,车道剩余宽度不得小于车道原始宽度减去标线宽度,即标线处于最大偏幅时,标线外边缘和车道边缘重合而不能再侵入车道内。

车行道边缘线向车道内偏移时,需要一定的渐变段长度,渐变段长度按 $L = 0.625vW$(v 为设计速度,W 为偏移宽度)和表 3-2 中较大的值取值。

表 3-2　渐变段长度最小值

设计速度 v(km/h)	最小值(m)	设计速度 v(km/h)	最小值(m)
20	20	60	40
30	25	70	70
40	30	80	85
50	35	>80	100

3.2.2 为提升高速公路中央分隔带停车视距，可将最内侧车行道边缘线外移0.25m，最内侧车行道宽度由3.75m调整为3.5m，同时该路段设置货车靠右行驶标志。

条文说明

内侧车行道边缘线外移时，需要一定的渐变段长度，渐变长度按3.2.1的要求计算。

3.2.3 当高速公路ETC门架、桥梁等设施配套的禁止跨越同向车行道分界线影响互通立交及服务区出入口车辆驶出(入)高速时，应取消或部分取消该路段的禁止跨越同向车行道分界线设置，设置为不影响车辆正常驶出(入)高速公路的可跨越同向车行道分界线或单向可跨越同向车行道分界线。

条文说明

为提高ETC门架获取车辆信息的正确性，ETC门架下设置了禁止跨越同向车行道分界线，但当ETC门架距离出口过近时，可能会影响出口车辆的正常变道，因此取消或部分取消设置。

3.2.4 位于城镇化地区公路，当土建工程设计指标不能满足《公路工程技术标准》(JTG B01—2014)、《公路路线设计规范》(JTG D20—2017)等公路工程标准，但满足《城市道路工程设计规范》[CJJ 37—2012(2016年版)]、《城市道路路线设计规范》(CJJ 193—2012)等城市道路标准的，可经安全性评价后临时按城市道路的要求设置标线。

3 交通标志标线

条文说明

在部分公路路段指标不能满足公路行业的标准规范，但能满足城市道路的相关标准规范的情况下，在设置标线时，可在按公路行业标准规范改扩建前，按照城市道路的要求设置标线，同时按城市道路的要求设置和标线配套的交通标志。

4 护栏

4.1 中央分隔带护栏

4.1.1 中央分隔带护栏提升改造应综合考虑护栏防护等级与形式、既有护栏重复利用、施工便捷对交通影响小、中央分隔带埋设管线、护栏提升后是否影响视距等因素，选择合理的方案。

4.1.2 当提升中央分隔带护栏建筑限界 C 值不满足现行标准要求时，可采用下列方案：

1 当护栏提升同时进行路面养护、可以重新施划标线时，可将最内侧车行道边缘线外移 25cm，最内侧车道宽度由 3.75m 调整为 3.5m，同时，该路段设置货车靠右行驶标志。

2 当不进行路面养护、不便于重新施划最内侧车行道边缘线时，可维持建设期标准规定的 C 值。

4.1.3 高速公路中央分隔带内杆柱的直径或外轮廓边长小于或等于 10cm 时，不作为障碍物。中央分隔带内交通标志柱、灯杆或测速门架立柱的直径或外轮廓边长大于 10cm 时作为障碍物，但未发生车辆碰撞障碍物的，可不提高护栏防护等级；中央分隔带内 ETC 门架或可变情报板门架的立柱直径或外轮廓边长大于 10cm 时，可设置四(SBm)级及以上护栏。护栏改造时可不考虑车辆最大动态外倾当量值 VI_n，但宜考虑护栏最大横向动态位移外延值 W。

4.1.4 高速公路中央分隔带设置桥墩时，应设置四(SBm)级及以上护栏，宜考虑护栏最大横向动态位移外延值 W，并在桥墩上设置立面标记。当年平均日交通量中载质量大于 20t 的货车和 19 座以上的客车车辆自然数之和所占比例大于 20% 时，宜考虑车辆最大动态外倾当量值 VI_n 要求。当条件受限无法满足时，可不考虑车辆最大动态外

倾当量值 VI_n，但宜在桥墩上游路段采取下列措施：

1　在满足护栏防护等级要求的同时，宜管理大型货车靠右行驶；
2　在局部路段禁止大型货车超车；
3　大型货车限制速度不宜超过80km/h。

条文说明

　　大型货车即重型载货汽车，是指最大允许总质量大于或等于12000kg的载货汽车。

　　当改造时空间受限、中断交通影响大时，如果不考虑 VI_n，需提升行车秩序，减少事故风险，规范大型货车行驶，减少乘员伤害及对结构物的破坏。

　　高速公路实施"大型货车靠右行驶"是有利于行车安全的，有些省份已经在全省的高速公路上实施。一般情况下，高速公路全路段宜实施大型货车靠右行驶。

　　局部路段禁止大型货车超车也是有利于行车安全的，适用于交通量大、大型货车比例高的路段。这里具体实施的路段长度、起终点，要根据高速公路的大型货车占比、车道布置、大型货车相关事故情况等具体分析。

4.1.5　高速公路中央分隔带桥墩处护栏提升时，可采用加高混凝土护栏或加强波形梁钢护栏。桥墩直径1.5m、护栏设置宽度2m的方案示例如图4.1.5所示，在桥墩处采用现浇混凝土护栏围绕包封，设计要点如下：

1　混凝土护栏高度1.4m及以上；
2　护栏设计防护等级为四(SBm)级及以上；
3　自桥墩起上游长度为8～9m，下游至少结束于桥墩端部，在相邻路段波形梁护栏之间设置护栏过渡段；
4　混凝土护栏高度在3m范围内，由相邻路段波形梁护栏的高度过渡为1.4m及以上；
5　为了便于施工横向支撑混凝土挡块，桥墩上下游混凝土护栏长度可对称设置；
6　当桥墩处护栏设置宽度受限时，混凝土护栏可采用直壁型。

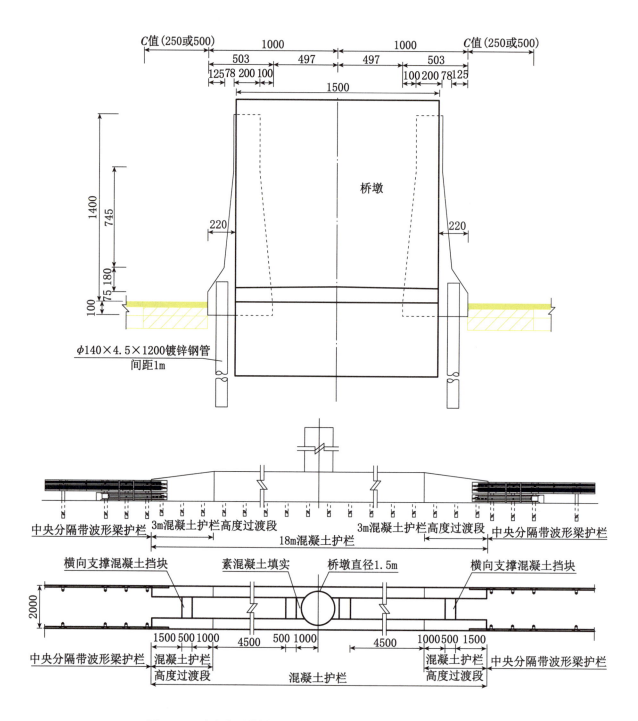

图 4.1.5 中央分隔带桥墩处加高混凝土护栏示例(尺寸单位:mm)

条文说明

桥墩处加强波形梁钢护栏和直壁型加高混凝土护栏示意如图4-1和图4-2所示。

图 4-1　桥墩处加强波形梁钢护栏　　图 4-2　桥墩处直壁型加高混凝土护栏

4.1.6 设计速度或限制速度大于60km/h的干线一级公路，未发生过车辆碰撞中央分隔带事故的，可继续按照建设期批准的设计方案实施。在役一级公路的干线功能或集散功能的判定可参见《公路工程技术标准》(JTG B01—2014)3.1.2条文说明。当年平均日交通量中载质量大于20t的货车和19座以上的客车车辆自然数之和所占比例大于20%时，可管理大型货车靠右行驶。

4.1.7 作为集散的一级公路，以及设计速度或限制速度小于或等于60km/h的干线一级公路，中央分隔带可不增设护栏。

4.1.8 一级公路中央分隔带护栏防护等级可根据限制速度选取。

4.1.9 高速公路中央分隔带开口间距在满足《公路路线设计规范》(JTG D20—2017)规定的最小间距前提下，可综合考虑养护巡查施工、公路环境条件、交通事故、突发事件应急等因素适当调整，部分不需要的中央分隔带开口可采用护栏进行封闭，护栏的防护等级宜与相邻路段中央分隔带护栏一致。

4.2　路侧护栏

4.2.1 高速公路路侧计算净区宽度范围内杆柱的直径或外轮廓边长小于或等于10cm时，不作为障碍物。路侧计算净区宽度范围内交通标志柱、灯杆或测速门架立柱的直径或外轮廓边长大于10cm时作为障碍物，但未发生车辆碰撞障碍物的，可不提高护栏防护等级；路侧计算净区宽度范围内ETC门架或可变情报板门架的立柱直径或外轮廓边长大于10cm时，可设置四(SB)级及以上护栏。护栏改造时可不考虑车辆最大动态外倾当量值VI_n，但宜考虑护栏最大横向动态位移外延值W。

4.2.2 高速公路路侧计算净区宽度范围内有桥墩时，宜设置四(SB)级及以上护栏，宜考虑护栏最大横向动态位移外延值W，并在桥墩上设置立面标记。当年平均日交通量中载质量大于 20t 的货车和 19 座以上的客车车辆自然数之和所占比例大于 20% 时，宜考虑车辆最大动态外倾当量值 VI_n 要求，当条件受限无法满足要求时，可不考虑车辆最大动态外倾当量值 VI_n，但宜在桥墩上游路段采取下列措施：

1 在满足护栏防护等级要求的同时，宜管理大型货车靠右行驶；
2 在局部路段禁止大型货车超车；
3 大型货车限制速度不宜超过 80km/h。

条文说明

对 VI_n 的要求主要是考虑大型车辆碰撞桥墩时降低乘员伤害，以及大型车辆碰撞桥墩时结构物的安全。调研发现有很多事故是因超车、货车变道等而避让不及发生的，管理大型货车靠右行驶、禁止超车等，有助于改善行车秩序，减少事故发生。

4.2.3 一级公路路侧计算净区宽度范围内有交通标志柱或灯杆，未发生过车辆驶出路外事故时，可不增设护栏或提高护栏防护等级，但应在未设置护栏的直径或外轮廓边长大于 10cm 的标志柱或灯杆上设置立面标记，同时宜采取下列措施：

1 根据条件管理大型货车靠右行驶；
2 根据条件在局部路段禁止大型货车超车；
3 大型货车限制速度不宜超过 60km/h。

条文说明

根据条件主要考虑一级公路的公路条件、交通条件，若平交间距较小，货车的转向流量较大，就不太适合规定大型货车靠右行驶。

4.2.4 一级公路路侧计算净区宽度范围内有桥墩时，护栏提升时可不考虑车辆最大动态外倾当量值 VI_n 和护栏最大横向动态位移外延值 W，但应在桥墩上设置立面标记，同时宜在桥墩上游路段采取下列措施：

1 根据条件管理大型货车靠右行驶；
2 根据条件在局部路段禁止大型货车超车；
3 大型货车限制速度不宜超过 60km/h。

4.2.5 四级公路（含Ⅰ类、Ⅱ类）通行客运班线路段需要设置护栏，但路基宽度不足且加宽路基确有困难时，双车道四级公路可占用行车道宽度设置护栏，护栏占用行车道宽度不宜超过 0.25m。

4.2.6 当净区宽度范围内的边沟不在图4.2.6所示阴影范围内且无盖板时,高速公路宜增设盖板或设置三(A)级护栏,一级和二级公路可不设护栏,一级和二级公路设计速度或限制速度大于或等于60km/h时宜设置柱式轮廓标或示警桩进行视线诱导。

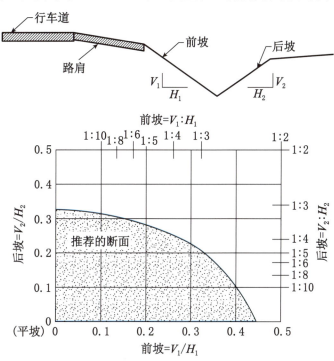

a) V形边沟、底部宽度小于2.4m的圆弧形边沟和底部宽度小于1.2m的梯形边沟

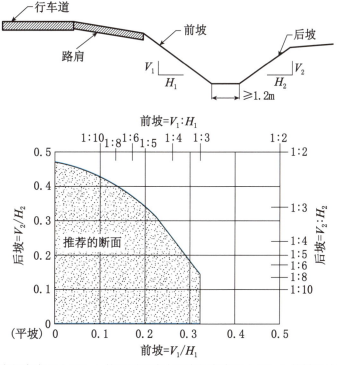

b) 底部宽度不小于2.4m的圆弧形边沟和底部宽度不小于1.2m的梯形边沟

图4.2.6 边沟推荐的断面

4.2.7 高速公路路侧计算净区宽度范围内有高出路面 30cm 以上的混凝土砌体，或开挖的边坡坡面有 30cm 以上的大孤石时，宜设置三(A)级护栏，其他等级公路可不设置护栏，一级公路上述障碍物处宜设置立面标记。

4.2.8 高速公路隧道联络道处双向最内侧车行道边缘线间的距离小于或等于《公路交通安全设施设计规范》(JTG D81—2017)附录 A 规定的计算净区宽度时，宜设置防护等级不低于三(Am)级的中央分隔带开口护栏。当隧道联络道处双向最内侧车行道边缘线间的距离大于《公路交通安全设施设计规范》(JTG D81—2017)附录 A 规定的计算净区宽度时，可不设置护栏，相邻路基段中央分隔带护栏迎交通流方向的端头应外展，当不具备外展条件时，可采用安全性能满足《公路护栏安全性能评价标准》(JTG B05-01—2013)要求的防撞端头。

4.2.9 三级公路和四级公路既有示警墩需要提升改造时，可在示警墩顶面和侧面植入钢筋，同时布置其他纵向和竖向钢筋后补浇混凝土，改造为直壁型混凝土护栏。

条文说明

示警墩不具备防撞能力，经排查评估需要提升改造成护栏时，可采用本条给出的改造方案。三级公路和四级公路车速较低，采用直壁型混凝土护栏可以满足缓冲功能要求，且直壁型混凝土护栏施工更为便捷。

4.3 桥梁护栏

4.3.1 桥梁护栏提升改造可按《提升公路桥梁安全防护能力专项行动技术指南》进行设计。

4.3.2 桥梁护栏提升改造时，应采用提升后护栏的恒载和碰撞荷载进行桥面板承载力验算，当不满足设置混凝土护栏的受力要求时，可通过植入化学锚栓增设钢结构的方式改造成组合式护栏或金属梁柱式护栏。当既有混凝土底座高度大于设计值时，可凿除多余的混凝土底座高度，示意如图 4.3.2 所示。

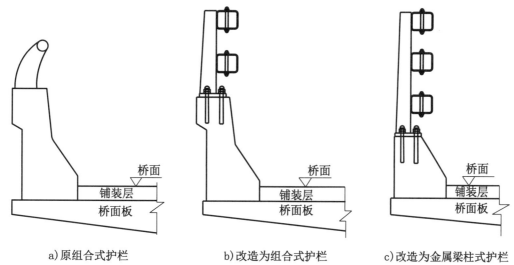

a) 原组合式护栏　　b) 改造为组合式护栏　　c) 改造为金属梁柱式护栏

图4.3.2 《高速公路交通安全设施设计及施工技术规范》(JTJ 074—94)组合式护栏提升改造方案示意

4.3.3 改造护栏形式或采取措施提高桥面板承载能力，经论证不能满足桥梁护栏受力要求时，或桥梁技术状况评定等级为四类、五类，近期可通过改善交通标志标线加强主动引导，并联合公路运输管理部门告知公安交通管理部门，调整客运班线或采取限速、限载等综合交通管控措施，加强对桥梁上车辆运行状况的监控，保障车辆通行安全；远期应结合桥梁主体结构加固工程同步完善桥梁护栏。

4.3.4 高速公路桥梁中央分隔带护栏提升采用波形梁护栏且混凝土底座无法满足《公路交通安全设施设计细则》(JTG/T D81—2017)的波形梁护栏基础设置条件时，可采用不同于《公路交通安全设施设计细则》(JTG/T D81—2017)的基础形式，但应进行基础抗弯和抗剪承载能力验算，所采用基础的承载能力不得低于《公路交通安全设施设计细则》(JTG/T D81—2017)规定的基础形式的承载能力。

4.4 护栏过渡与端头

4.4.1 设计中应选用满足《公路交通安全设施设计细则》(JTG/T D81—2017)和《公路护栏安全性能评价标准》(JTG B05-01—2013)中中央分隔带开口护栏要求，中央分隔带开口护栏，以及与中央分隔带护栏标准段的连接过渡应与实车碰撞试验报告一致。

4.4.2 高速公路和设计速度或限制速度100km/h的一级公路，路侧设置排水沟路段的迎交通流波形梁护栏端头可采用下列方案：

1　采用现行标准规定的外展式端头时，可经立柱基础承载能力验算后在沿行车方向一定长度范围内对原排水沟盖板和内侧墙进行改造，在改造后的钢筋混凝土盖板上采用地脚螺栓和法兰盘锚固立柱，设置示意如图 4.4.2 所示。

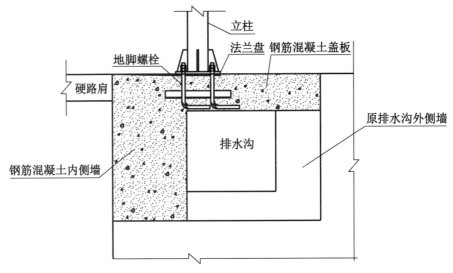

图 4.4.2　排水沟处立柱基础设置示意

2　经安全性能论证后，可采用其他端头形式。

4.4.3　二级公路和设计速度或限制速度 80km/h 及以下的一级公路护栏过渡段应满足下列要求：

1　两种护栏有效连接，波形梁护栏板宜搭接于混凝土护栏墙体；
2　在护栏高度和宽度方向不应有凸出迎撞面的尖锐构件。

4.4.4　三级公路和四级公路的护栏过渡段，两种护栏有效连接即可。

4.4.5　设计速度或限制速度 80km/h 的一级公路、二级公路，不具备外展条件时，护栏端头应从填挖零点向挖方路段延伸一定长度后，波形梁护栏和金属梁柱式护栏可采用地锚式端头，其他形式护栏可采用直立式端头并设置防撞桶或立面标记。

4.4.6　设计速度或限制速度 60km/h 的一级公路、二级公路，波形梁护栏可采用地锚式端头，其他形式护栏可采用直立式端头并设置立面标记。

4.4.7　三级公路、四级公路护栏可采用地锚式端头或直立式端头并设置立面标记。

4.4.8　金属梁柱式护栏采用直立式端头时，端部应设置一根立柱，横梁不应凸出端部立柱,设置示意如图4.4.8所示。

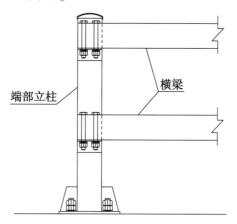

图4.4.8 金属梁柱式护栏直立式端头设置示意

4.4.9 高速公路出口三角端处有障碍物,需要设置防撞垫时,防撞垫安全性能应满足《公路交通安全设施设计细则》(JTG/T D81—2017)和《公路护栏安全性能评价标准》(JTG B05-01—2013)的要求,防撞垫以及与相邻路段护栏标准段的连接过渡应与实车碰撞试验报告一致。出口三角端处的标志柱直径或外轮廓边长不超过10cm时,不作为障碍物。

4.4.10 高速公路护栏提升改造采用双层波形梁护栏时,迎交通流的护栏端头应按《公路交通安全设施设计细则》(JTG/T D81—2017)的规定,采用外展圆头式、外展埋入式或吸能式。

4.4.11 局部路段护栏提升改造时,与相邻路段护栏的衔接过渡以及护栏端头应一并进行设计。

4.4.12 一级公路平面交叉、中央分隔带开口处,应保证视距。停车视距范围内妨碍视距三角区通视的护栏、绿化等应移除或降低高度。移除了护栏或绿化的,可通过中央分隔带或标线规范行车。平面交叉、中央分隔带开口处,停车视距范围内植被不宜高于路面40cm。

5 穿城镇路段

5.0.1 公路穿城镇路段可按《城镇化地区公路工程技术标准》(JTG 2112—2021)的规定,根据机动车、非机动车和行人交通需求重新布置横断面,宽度宜符合下列要求:

1 机动车道宽度可采用表 5.0.1-1 的规定。

表 5.0.1-1 机动车车道宽度

设计速度(km/h)	100	80	60	50	40	30	20
车道宽度(m)	3.50	3.50	3.25	3.25	3.00	3.00	3.00

2 非机动车车道宽度不宜小于表 5.0.1-2 的规定。

表 5.0.1-2 非机动车车道宽度

车辆种类	自行车	三轮车
车道宽度(m)	1.0	2.0

3 设计速度大于或等于 50km/h 时,机动车与非机动车不宜混行。四级公路非机动车与机动车混行时,路面最小宽度可采用 4.0m;三轮车较多时,路面最小宽度可采用 5.0m。

4 人行道宽度不宜小于 1.5m,局部路段空间受限时,不宜小于 1.2m。

条文说明

设置辅路或非机动车道、人行道等设施需要征用土地,对于运营期间的公路存在一定的困难。精细化提升设计时应考虑上述设施实施的可能性,可在有条件的局部路段实施。

5.0.2 公路穿城镇路段的确定方法见附录 A,最小长度不宜小于表 5.0.2 的规定。

表 5.0.2 穿城镇路段最小长度

设计速度(km/h)	20	30	40	50	60	70	80	90	100
穿城镇路段最小长度(km)	0.2	0.3	0.4	0.5	0.6	0.7	0.8	0.9	2.0

注:表中的穿城镇路段最小长度不含过渡段的长度。

5.0.3 一级公路穿城镇路段根据交通特性及需要，视用地情况，可增设辅路、非机动车道和人行道等设施，其设置应符合下列规定：

1 承担干线功能的一级公路，境内交通量较大，宜增设辅路。

2 承担集散功能的一级公路，境内交通量较大，可增设辅路。

3 非机动车、行人交通量较大，宜增设非机动车道和人行道。

条文说明

主路是一级公路中与辅路分离，供机动车快速通过的部分。

辅路是一级公路中集散沿线交通，间断或连续地设置于主路上层或下层、两侧或一侧，供机动车行驶的部分。

一级公路的辅路部分主要是集散沿线短途交通，减少当地机动车出入对主路的影响。辅路既可设置在主路的两侧或一侧，也可设置在主路的上层或下层。

一级公路的辅路供汽车行驶，可同时供非机动车、行人通行。

5.0.4 设置辅路的一级公路应符合下列规定：

1 主路与辅路间宜设置侧分隔带。

2 主路单向机动车道数大于或等于3条时，右侧硬路肩宽度最小值可采用表5.0.4规定的最小值。右侧硬路肩宽度包含路缘带宽度。

表 5.0.4 一级公路硬路肩宽度最小值

设计速度(km/h)	100	80	60
硬路肩宽度(m)	1.00	0.75	0.75

3 辅路为单车道且未设置非机动车道时，宜设置右侧硬路肩。辅路设计速度大于或等于60km/h时，硬路肩宽度不宜小于0.75m，辅路设计速度小于60km/h时，硬路肩宽度不宜小于0.5m。

5.0.5 未设置辅路的一级公路应符合下列规定：

1 设计速度或限制速度大于或等于80km/h且设置非机动车道时，机动车道与非机动车道或人行道间宜设置侧分隔带。

2 设计速度或限制速度等于60km/h且设置非机动车道时，宜设置隔离设施分隔机动车与非机动车交通。

3 侧分隔带宽度应根据隔离设施的宽度确定。

4 侧分隔带机动车道一侧的路缘带宽度应符合表 5.0.5 的规定，非机动车道一侧的路缘带宽度宜为 0.25m。

表 5.0.5 路缘带最小宽度

设计速度(km/h)	100	80	60
路缘带宽度(m)	0.75	0.5	0.5

条文说明

隔离设施是设置于对向机动车道之间、机动车道与非机动车道之间起分隔作用的物理设施。分隔对向机动车的隔离设施有：中央分隔带、护栏或交通柱等。分隔同向机动车与机动车、同向机动车与非机动车交通的隔离设施包括：侧分隔带、护栏或交通柱等。

5.0.6 设置慢车道的二级公路穿城镇路段精细化提升应符合下列规定：

1 设计速度为 80km/h 时宜设置中央分隔带作为隔离设施，可采用护栏作为中央隔离设施。

2 设计速度或限制速度为 60km/h 时，可采用护栏或弹性柱等作为中央隔离设施。条件受限时，可采用双黄实线，双黄线间距可根据路面宽度加宽，间距加宽的双黄实线之间宜施划黄色的渠化线。

3 设计速度或限制速度大于或等于 60km/h 且设置非机动车道时，宜设置隔离设施分隔机动车与非机动车交通。

条文说明

按《公路工程技术标准》(JTG B01—2014)规定可根据需要采用加宽硬路肩的方式设置慢车道。增设慢车道在很大程度上可以减少慢行交通产生的干扰，降低利用对向超车的概率。

二级公路可根据实际需要增设慢车道、非机动车道、人行道、分隔带。慢车道在行车道外。图 5-1a)为未设置慢车道的二级公路断面，可根据需要，在行车道外侧设置路肩、侧分隔带、非机动车道、人行道。图 5-1b)为设置慢车道的二级公路横断面，慢车道属于行车道，慢车道外侧可设置侧分隔带、非机动车道、人行道。

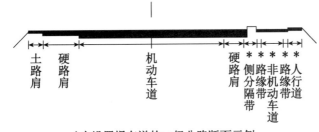

a) 未设置慢车道的二级公路断面示例

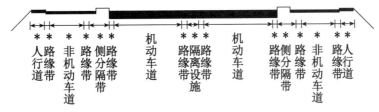

b) 设置慢车道的二级公路横断面示例

图 5-1　二级公路横断面示例

注：图中标"*"的表示该组成部分根据需要进行设置。

5.0.7　未设置慢车道二级公路穿城镇路段，根据路面宽度及机动车、非机动车和行人的情况，公路中央可使用双黄实线或虚实线，双黄线间距加宽时，间距加宽的双黄线中间宜施划黄色的渠化线，也可采用单黄实线或虚线。

5.0.8　穿城镇路段侧分隔带外侧是非机动车通行的，宜在侧分隔带的端部内设置标志，表明侧分隔带外侧是非机动车道。

条文说明

侧分隔带是在公路中线两侧沿公路纵向设置的分隔同向机动车与机动车交通、同向机动车与非机动车交通的带状设施。侧分隔带不含路缘带。

侧分隔带端部内如果设置单柱标志，标志结构无须防护。侧分带外侧是非机动车通行空间的，设标志说明，有利于驾驶人判断。

5.0.9　未设置侧分隔带的穿城镇路段的起点处，可通过下列方式设置门廊：

1　路侧的植物变化或景观小品。

2　行车方向上两侧同时设置单柱形式的限制速度标志，或单悬臂和行车方向上两侧同时设置单柱形式的限制速度标志，如图5.0.9-1所示。

3　可配合在地面设置限制速度的文字标记如图5.0.9-2所示。

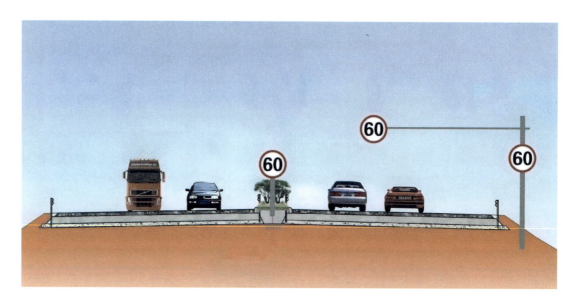

图 5.0.9-1 穿城镇路段限制速度标志门廊示意

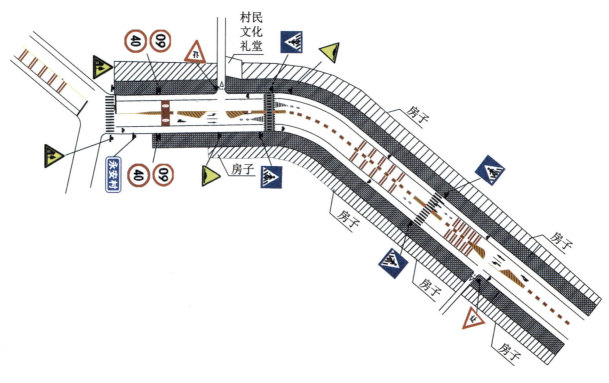

图 5.0.9-2 穿城镇路段门廊示意

5.0.10 穿城镇路段如设置辅路、慢车道、中央分隔带、侧分隔带等，机动车道发生偏移，或宽度由宽变窄，应设置过渡段，过渡段的长度应按照式(5.0.10)计算，式(5.0.10)计算结果大于表5.0.10最小值时，采用计算结果作为实际渐变段长度，反之采用表5.0.10最小值作为实际渐变段长度。

$$L = \begin{cases} \dfrac{v^2 W}{155} & (v \leqslant 60\text{km/h}) \\ 0.625 \times v \cdot W & (v > 60\text{km/h}) \end{cases} \quad (5.0.10)$$

式中：L——渐变段长度(m)；

v——设计速度(km/h)；

W——偏移的宽度，或变窄的宽度(m)。

表5.0.10 渐变段长度最小值

设计速度(km/h)	>80	80	70	60	50
渐变段长度(m)	100	85	70	40	35

5.0.11 穿城镇路段的公路与城市道路共线时，公路编号标志可与城市道路名称标志共设，如图5.0.11所示。穿城镇路段上里程碑可不设，可设里程牌；百米桩可不设，可利用路上设施或路外设施附着百米牌。

图5.0.11 公路与城市道路共线编号标志示例

5.0.12 穿城镇路段横断面重新布置后，护栏设置应符合下列规定：

1 一级公路设计速度或限制速度为100km/h，且整体式断面中间带实际净区宽度小于或等于《公路交通安全设施设计规范》(JTG D81—2017)附录A规定的计算净区宽度时，宜设置中央分隔带护栏。

2 一级公路的主路、辅路之间净区宽度范围内，高差大于3m且边坡陡于1∶3.5时，高的一侧宜设置护栏。

3 一级公路的主路、辅路之间净区宽度范围内，除第2款规定的情形外，如果是侧分隔带，主辅路之间可不设护栏。

4 辅路路侧护栏宜根据辅路设计速度并结合辅路机动车的运行车速，根据其驶出路外路侧净区的情况，确定是否设置路侧护栏。

5 侧分隔带外是非机动车道，公路路侧护栏可不设；非机动车道或人行道外是深沟或水域，可设非机动车、行人栏杆。

6 公路上跨城市道路、轨道交通，或净区宽度范围内与轨道交通并行，应设置路侧护栏。

7 护栏最低防护等级应符合表 5.0.12 的规定。

表 5.0.12 护栏防护等级的选取

速度(km/h)	100	80、60
护栏等级	二(B、Bm)级	一(C、Cm)级

条文说明

一级公路，车辆从靠近中分带的车道驶出路外，在中分带可以停车或驶回公路的带状区域是否满足净区宽度，如果满足，则不需要设置中分带护栏。

公路中分带的净区计算从车行道边缘线开始，到另一方向上车行道边缘线。中分带如果没有障碍物，对于窄中分带，公路中分带的净区计算可以到对向车道内不超过 0.75m 处，如图 5-2 所示。

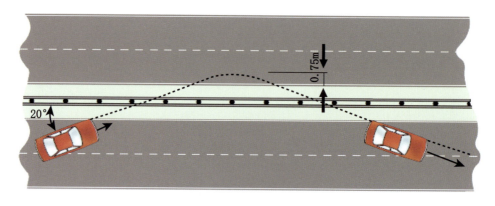

图 5-2 中分带净区计算示意图

高速公路、一级公路的主路、辅路之间净区宽度以速度高的主路计算。

路侧净区的规定见《公路交通安全设施设计规范》(JTG D81—2017)附录 A。

这里"速度"为设计速度或运行速度。

城镇化地区一级公路、二级公路，由于平交口、非机动车与行人横穿等影响，车速一般低于80km/h，如果满足视距要求，尤其是有照明的条件下，现有城镇化地区公路路侧有非机动车道、人行道，机动车道侧不需要设置护栏防止车辆驶出路外的事故。如果有突起的侧分隔带，尤其是突起的分隔机动车与非机动车的侧分隔带，也不需要设置护栏。路侧风险较高的地方，如跨越城市道路、轨道交通等，车辆驶出路外可能性较大的路段，应设置路侧护栏。三级公路、四级公路村镇路段，设计速度40km/h或更低，事故风险较低，一般不需要设置护栏。

表5.0.12中护栏等级为最低防护等级，需考虑速度、美观、方便结合成本效益分析，选取护栏等级。

6 平面交叉

6.1 一般规定

6.1.1 在役公路的平面交叉应根据交通流量和交叉道路等级分类处置，重点提升交通事故多、流量大、相交公路技术等级三级及以上的平面交叉。

6.1.2 在役公路平面交叉宜按资料收集、现场勘查、需求分析和效果评价等步骤开展精细化提升工作，具体如下：

1 资料收集：采集平面交叉各岔路的行政等级、技术等级、交通量与交通组成、交通事故、改扩建计划等资料，如有条件则进一步收集各岔路线形资料。

2 现场勘查：调查各岔路引道线形及相邻路段线形，调查现状交叉范围内的地形、地貌、构造物和环境等基础状态及精细化提升可能面临的限制条件。交通流量较大、易发生拥堵的交叉，宜同步调查转向交通量和交通组成。城镇路段及其他非机动车、行人流量有较大通行需求的路段宜同步调查非机动车、行人的路权保障情况。可围绕座谈或收集的资料中反映的主要问题进行针对性调查。

3 需求分析：结合现场基础条件、交通流数据和交通事故资料，分析交通事故原因及事故中人、车、路的因素，从交通适应性及交通事故预防等角度分析交通组织、车道布置、交通岛设置、交通标志标线设置等方面需求。

4 效果评估：平面交叉改造投入运行三个月后对交通运行情况进行效果评估，针对运行中发现的问题调整相关设施设置。

6.1.3 公路平面交叉在采用视距保障、车道布置优化、交通渠化等措施后对交通安全改善较小或现场优化条件十分受限情况下，可结合流量情况采用信号控制方式。

6.2 交叉间距

6.2.1 平面交叉的间距应根据公路功能、技术等级及其对行车安全、通行能力和交通延误的影响确定。

6.2.2 一级公路、二级公路作为干线公路时，宜结合事故情况、现状条件优先保证干线公路的畅通，可采取右出右进控制、增设辅路或慢车道、合并被交叉路等措施，加大平面交叉间距，必要时可设置立体交叉。连续出现平面交叉间距不满足最小间距且不具备调整条件时，宜对路段采取限速措施。

6.2.3 存在个别交叉间距不满足最小要求且不具备调整条件时，可采取信号控制，加强预告、提示等措施。

6.3 交叉视距

6.3.1 每条岔路上都应提供与行驶速度相适应的引道视距，如图 6.3.1 所示。引道视距在数值上等于停车视距，但量取标准为：视点高 1.2m，物高 0m。各种设计速度所对应的引道视距及凸形竖曲线的最小半径应符合表 6.3.1 的规定。

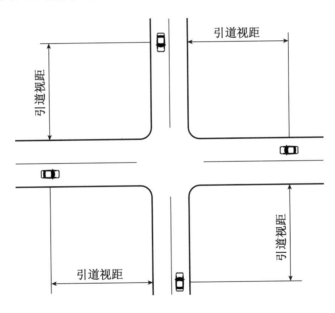

图 6.3.1 引道视距图

表 6.3.1 引道视距及相应的凸形竖曲线最小半径

设计速度(km/h)	100	80	60	40	30	20
引道视距(m)	160	110	75	40	30	20
引道凸形竖曲线最小半径(m)	10700	5100	2400	700	400	200

6.3.2 两相交岔路间，由各自停车视距所组成的三角区内不得存在任何有碍通视的物体，如图 6.3.2 所示。

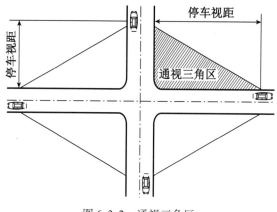

图 6.3.2 通视三角区

6.3.3 在役公路平面交叉受条件限制不能保证由停车视距所构成的通视三角区时，与交叉管理方式结合确定所需要的通视三角区，通视三角区内不应存在明显有碍通视的物体。

1 采用次要公路停车让行控制的平面交叉，应保证主要公路的安全交叉停车视距和次要公路至主要公路边车道中心线 5~7m 所组成的通视三角区，如图 6.3.3-1 所示。安全交叉停车视距值应符合表 6.3.3 的规定。

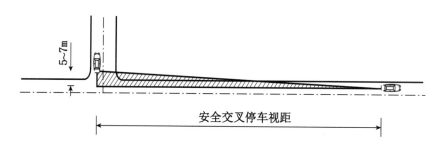

图 6.3.3-1 安全交叉停车视距的通视三角区

表 6.3.3 安全交叉停车视距

设计速度（km/h）	100	80	60	40	30	20
停车视距（m）	160	110	75	40	30	20
安全交叉停车视距(m)	250	175	115	70	55	35

2 信号控制平面交叉应满足停止在停止线后的第一辆车辆驾驶人能够看到相交公路停止线后停止的第一辆车，通视三角区如图 6.3.3-2 所示。

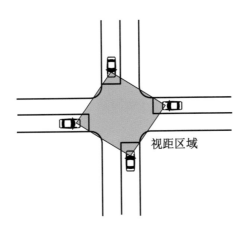

图 6.3.3-2　信号控制平面交叉视距区域

条文说明

平面交叉采用信号控制方式时,不同流向交通流通过信号在时间上进行路权划分,在此情况下,通视三角区需要满足各岔路停止线后的第一辆车互视即可。

6.3.4　主路优先交叉和左转需要穿插对向直行交通流间隙的一级公路信号交叉,左转通视三角区内不应存在明显有碍通视的物体,见图6.3.4,通视三角区长度按照表6.3.4取值。

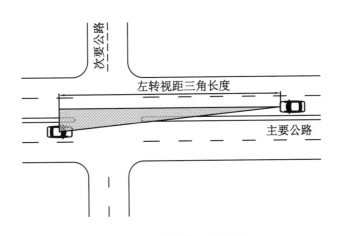

图 6.3.4　左转通视三角区意图

表 6.3.4　左转通视三角长度

主要公路设计速度(km/h)	100	80	60
左转通视三角长度(m)	225	180	135

条文说明

左转视距不满足要求通常发生在中央分隔带绿植、隔离设施高度过高或存在桥墩等情况。如果视线障碍物只能遮挡车辆的一部分，不能遮挡通视三角区范围内车辆全部，则不受此通视三角区的限制，如中央分隔带内的标志立柱等。

6.3.5 平面交叉交通岛位于通视三角区内的部分，绿植高度不应高于路面40cm。

条文说明

绿植是在役公路平面交叉主要的视距障碍物，需要从视距保障的角度对平面交叉交通岛内绿植高度提出具体要求。

6.3.6 平面交叉现状视距不能满足要求且不具备调整条件时，可设置警告、速度控制等设施降低视距不足对交通安全的影响，必要时可将平面交叉设置为信号控制方式。

6.4 几何形状

6.4.1 对于不符合现行标准要求的畸形交叉、多路交叉、错位交叉以及面域过大的平面交叉，宜优先通过局部线形调整或土建工程方式予以改善。不具备条件时，可按照下列原则进行改善：

1 固定交通冲突点的位置，明确各冲突交通流的优先权，并设置完善路权设施。

2 控制转弯车辆速度，在保障大型车辆转弯需求的同时，降低车辆间及车辆与非机动车、行人之间冲突的严重程度。

3 合理设置交通岛，规范车辆轨迹、控制车辆冲突的角度，并为信号灯、交通标志等设施提供设置空间，为行人提供安全通行空间。

4 在交叉范围内根据交通组织的需要设置完善的交通标志标线，包括且不限于导向箭头、导向车道线、停止线、导流线、人行横道标志标线、让行标志标线等。

5 对于特别复杂平面交叉，采用渠化方式难以有效改善交通安全时，可考虑采用信号控制或环形交叉方式。

6.4.2 平面交叉应采用十字形、T形、环形等交叉形式。现状交叉角度小于45°的X形、Y形交叉宜优先采取土建措施优化交叉角度。不具备改造条件的应加强渠化设计，保持转弯轨迹顺畅，引导车辆正确行驶，必要时可设置转弯辅助车道。由小角度交叉引起事故多发时，可设置信号控制，非机动车数量较少时可考虑采用环形交叉形式。图 6.4.2-1 为 X 形交叉渠化示例，图 6.4.2-2 为 Y 形交叉渠化示例，图 6.4.2-3 为国外采用环形交叉解决畸形交叉的实例。

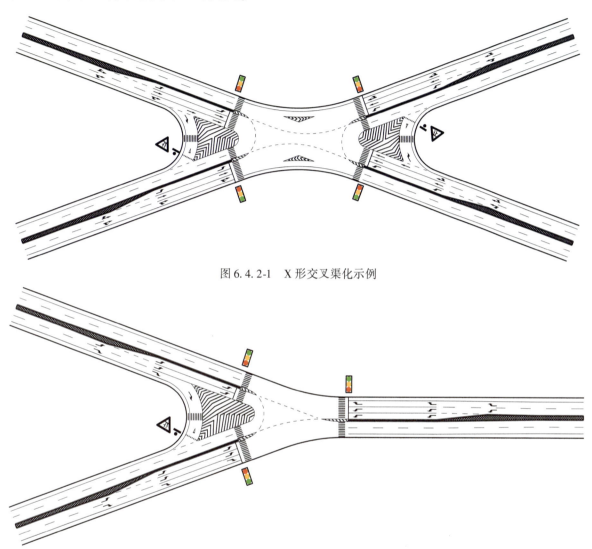

图 6.4.2-1　X 形交叉渠化示例

图 6.4.2-2　Y 形交叉渠化示例

图 6.4.2-3　国外采用环形交叉解决畸形交叉的实例

6.4.3 平面交叉岔数不应多于4条,多于4条时可通过封闭次要或斜交公路,通过将次要或斜交公路提前并入相交道路等方式改善;不具备封闭或提前合并条件时,可将次要或斜交公路改为单向行驶公路,交叉非机动车流量较小时,经论证后五岔交叉可设置为环形交叉。图6.4.3-1将次要斜路改为右进右出方式。图6.4.3-2为国外将五岔平面交叉设置为环形交叉的实例。

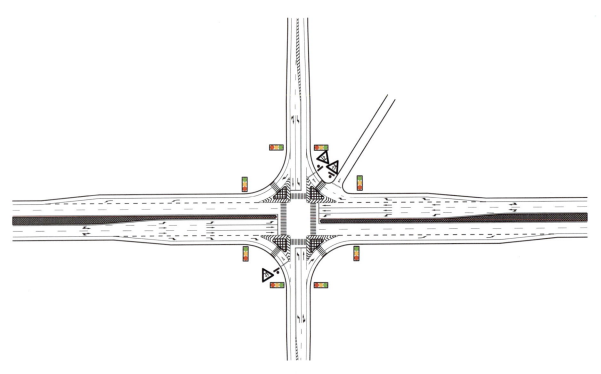

图6.4.3-1 五岔平面交叉处置示例

图6.4.3-2 国外将五岔平面交叉设置为环形交叉的实例

6.4.4 现状面域过大的平面交叉宜优先通过减少转角半径、向交叉点前移停止线等方式缩小交叉面域；不具备条件时，应加强交通岛和导向线的应用，规范车辆行驶轨迹和冲突点位置。

条文说明

面域过大交叉存在驾驶人难以准确获取渠化意图并快速决策、车辆转弯速度过快影响非机动车及行人通行安全、车辆行驶自由度大、冲突区域不固定等问题。

6.4.5 现状分道转弯平面交叉事故相对较多时宜参照T形交叉处置，在压缩交叉面域的情况下进行的渠化设计调整，通过缩小转弯半径，降低车辆转弯速度，降低转弯车辆与非机动车及行人的冲突严重程度，见图6.4.5-1和图6.4.5-2，其中图6.4.5-2设置了右转减速辅助车道和右转交通岛，适用于右转交通量较大或右转交通组成中货车比例较高的情况。非机动车流量较小时，经论证后可设置为环形交叉，见图6.4.5-3。

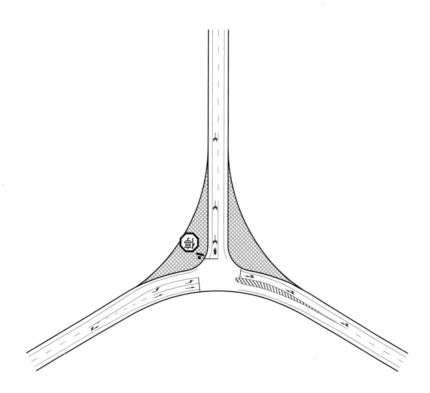

图6.4.5-1 分道转弯交叉改造为变形T形交叉示例(无转角交通岛)

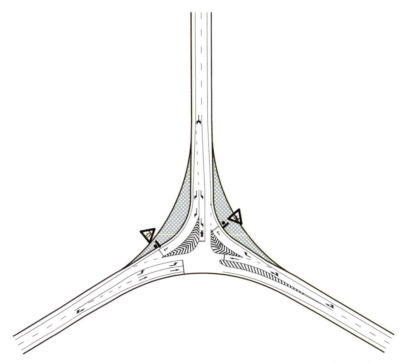

图 6.4.5-2　分道转弯交叉改造为变形 T 形交叉示例（设置转角交通岛）

图 6.4.5-3　分道转弯交叉改造为环形交叉示例

条文说明

分道转弯交叉是目前在国内常见的交叉形式，如图 6-1 所示，部分分道转弯交叉中心岛面积过大，驾驶人难以判断冲突点的位置和冲突形式，容易成为事故高发点，因此在改建时建议将此类交叉调整为规范的 T 形交叉，满足环形交叉设置条件时，也可采用环形交叉形式。

图 6-1　国内大型分道转弯交叉

6.4.6　对于城镇路段绕城改线后形成的老路以切线方式与主要公路曲线段相交的情况，可将老路按图 6.4.6 所示的方式进行改线；不具备线形调整条件时，宜加强转弯车道设置、标志引导和交通渠化。

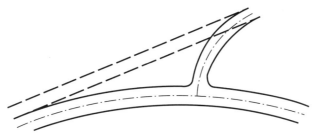

图 6.4.6　主要公路为曲线时的改线

6.5　纵断面线形

6.5.1　平面交叉范围内，两相交公路的纵面宜平缓，主要公路在交叉范围内的纵坡应在 0.15%~3% 的范围内，次要公路紧接交叉的引道部分应以 0.5%~2.0% 的上坡通往交叉。

6.5.2　平面交叉范围内主要公路纵坡大于 3% 的，应结合交通事故情况在下坡进入交叉方向采用加强交叉预告、设置减速标线等方式提醒驾驶人谨慎驾驶、提前减速。图 6.5.2-1 和图 6.5.2-2 为主要公路纵坡较大时的处置示例。横向减速标线减速效果优于纵向减速标线，但不适于在村镇路段及路侧有居民路段设置。

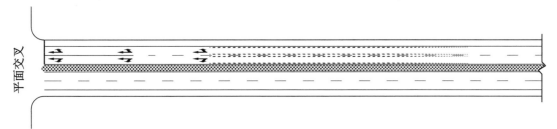

图 6.5.2-1　交叉位于较大下坡路段处置示例（方案一）

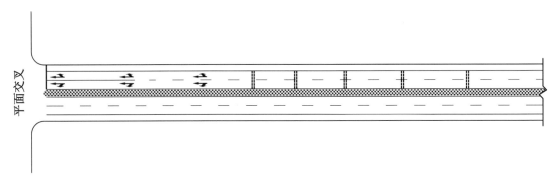

图 6.5.2-2　交叉位于较大下坡路段处置示例(方案二)

6.5.3　主要公路在交叉范围内的圆曲线设置超高时，次要公路的纵坡应服从主要公路的横坡。现状两相交公路技术等级相同或相近并采用信号交叉，或主次明显的平面交叉次要公路不具备纵坡调整条件时，可对两公路横坡均做适当调整，并做好立面排水设计。当位于超高路段平面交叉不具备纵坡、横坡调整条件时，应采取速度管控等措施。

6.5.4　平面交叉次要公路紧接交叉的引道部分以大于2.0%的上坡通往交叉时，应优先通过微小改造工程调整次要公路引道纵坡。不具备纵坡调整条件且未出现车辆停车滑坡事故时，应综合采取保障视距、完善次要公路入口路权设施、设置警示标志等方式降低较大纵坡的影响。图6.5.4为次要公路较大纵坡上坡接主路时的处置示例。

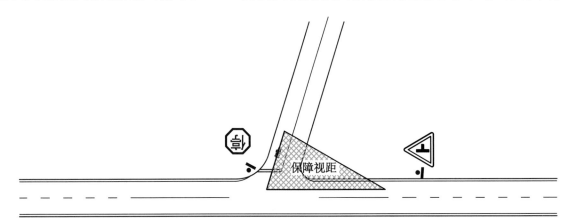

图 6.5.4　次要公路较大纵坡上坡接主路时的处置示例

6.5.5　平面交叉次要公路紧接交叉的引道部分以下坡通往交叉时，应加强接入点的排水设计。下坡坡度大于2%时，应优先通过微小改造工程调整次要公路引道纵坡。不具备纵坡调整条件且未出现车辆停车滑坡事故时，应保障视距、完善次要公路入口路权设施和减速设施、设置警示标志等方式降低较大纵坡的影响。图6.5.5为次要公路较大纵坡下坡接主路时的处置示例。

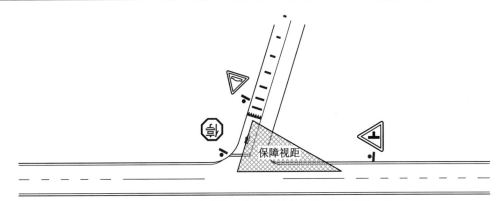

图 6.5.5　次要公路较大纵坡下坡接主路时的处置示例

6.6　进出口车道布置

6.6.1　平面交叉进出口车道设置应考虑不同转向交通量需求并保持车道数平衡，进口引道直行车道数宜与上游路段车道数保持一致，出口车道数宜与相应进口直行车道数保持一致。

6.6.2　平面交叉进出口车道设置应让直行车辆平顺通过交叉，进口引道直行车道宜与上游路段车道位置对应，出口车道宜与相应进口直行车道位置对应。

6.6.3　T形平面交叉设置左转弯车道导致进出口车道位置不对应时，可在出口增设中间分隔带；十字交叉进口设置左转弯车道的，对向进口即使没有达到设置左转弯车道交通量条件，也宜设置左转弯车道，以保持进出口直行车道位置对应。

6.6.4　平面交叉可适当压缩车道和硬路肩宽度增加进出车道。压缩后的车道宽度不应小于3.0m，硬路肩压缩后不应小于规范规定的最小硬路肩宽度。

6.6.5　左转弯车道应由渐变段、减速段和等候段组成，设置左转弯车道后不能满足直行车道连续时可设置直行偏移段，见图6.6.5。

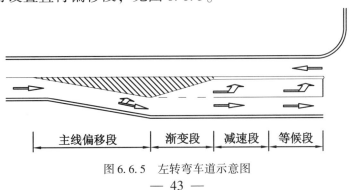

图 6.6.5　左转弯车道示意图

6.6.6 需要通过增加出入口车道提升通行能力和安全水平时，应优先考虑左转需求，增设左转弯车道。已设置了较长右转辅助车道的进出口，可在综合平衡对通行能力和通行安全影响的基础上，取消或缩短右转弯辅助车道，增设左转弯车道。图6.6.6为利用右转弯加速车道空间增设左转弯车道示例。

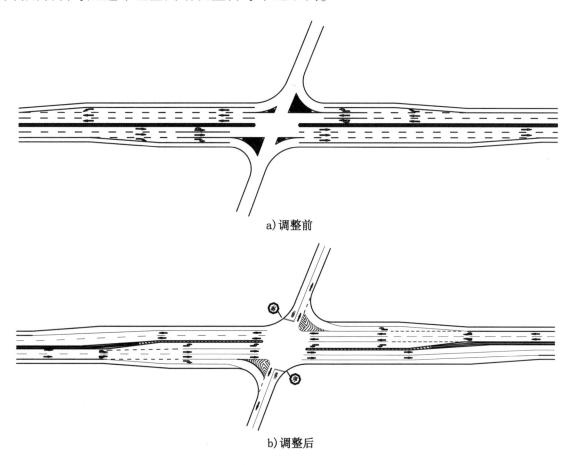

图6.6.6 利用右转弯加速车道空间增设左转弯车道示例

6.6.7 左转弯车道各要素长度应符合下列规定：

1 左转弯车道直行偏移段偏移宽度为3.5m时，偏移段长度不宜小于表6.6.7-1规定值，直行偏移段偏移宽度小于3.5m时，偏移段最小长度宜按照表6.6.7-1所示的渐变率计算确定，在现场条件受限或交叉采用信号控制方式时可采用表中极限值。

表6.6.7-1 直行偏移段最小长度及最大渐变率

设计速度(km/h)		100	80	60	40	30
双侧偏移长度(m)	一般值	80	65	40	20	15
	极限值	50	40	30	15	15

续上表

设计速度(km/h)		100	80	60	40	30
单侧偏移长度(m)	一般值	170	125	85	45	35
	极限值	100	80	60	35	35
渐变率	一般值	1:50	1:36	1:24	1:13	1:10
	极限值	1:29	1:23	1:17	1:10	1:10

2 左转弯车道渐变段长度不宜小于表6.6.7-2规定值，在现场条件受限或交叉采用信号控制方式时可采用表6.6.7-2极限值。

表6.6.7-2 渐变段最小长度

设计速度(km/h)		100	80	60	40	30
渐变段长度(m)	一般值	60	50	40	30	20
	极限值	30	25	20	15	10

3 左转弯车道减速段长度根据相交公路类别、设计速度和减速条件等，按照表6.6.7-3确定。现场条件受限或交叉采用信号控制方式时，可将渐变段长度用作减速车道长度的一部分。当左转弯相关交通事故十分突出，左转弯车道设置尤为必要但现场条件受限时，可取消减速段长度，左转弯车辆利用路段车道和渐变段减速。

表6.6.7-3 减速段长度

公路类别	公路设计速度(km/h)	末速(km/h)		
		0	20	40
主要公路	100	100	95	70
	80	60	50	32
	60	40	30	20
	40	20	10	—
次要公路	80	45	40	25
	60	30	20	10
	40	15	10	—
	30	10	—	—

6.6.8 鼓励通过偏移中心线、利用中分带宽度、压缩车道和硬路肩等方式增设左转弯车道，压缩后的车道和硬路肩宽度应满足本指南要求。图6.6.8-1适用于中分带宽度大于3.5m的情况。一级公路中分带宽度为3.5m及以下时，可采用图6.6.8-2的方式，通过利用中分带宽度、压缩进口车道宽度和出口车道宽度等方式增设左转弯车道，

当采用此种方式仍然不能满足左转弯车道设置的宽度要求且非机动车流量较小时，可采用图6.6.8-3所示压缩硬路肩宽度的方式设置左转弯车道。

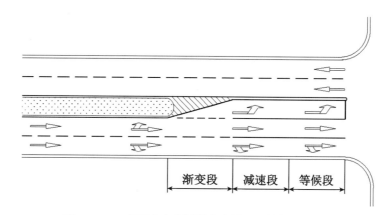

图6.6.8-1　利用中央分隔带宽度设置左转弯车道示例

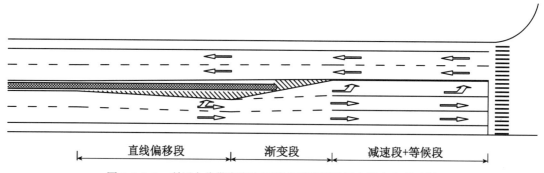

图6.6.8-2　利用中分带宽度和压缩车道宽度设置左转弯车道示例

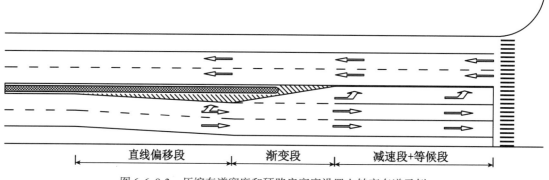

图6.6.8-3　压缩车道宽度和硬路肩宽度设置左转弯车道示例

6.6.9　增设的左转弯车道不应在路段直行车辆的行驶方向上，不应将直行车道直接变换为左转弯车道，利用平面交叉进行路段车道数过渡情况除外。图6.6.9-1和图6.6.9-2为左转弯车道错误设置示例。

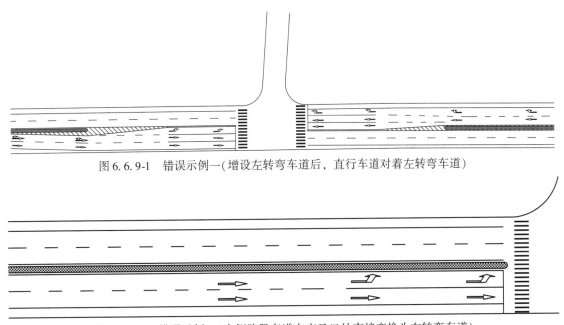

图 6.6.9-1　错误示例一(增设左转弯车道后,直行车道对着左转弯车道)

图 6.6.9-2　错误示例二(内侧路段车道在交叉口处直接变换为左转弯车道)

6.6.10 进口车道内导向车道线和导向箭头设置应符合下列规定:

1　进口车道内导向车道线应为实线,其他位置除特殊情况下需要禁止超车外,宜设置为车辆可以变换车道的虚线。

2　以停止线为基准,第 1 组导向箭头与停止线净距宜为 3～5m;第 2 组导向箭头末端与导向车道线起始点齐平;第 3 组导向箭头作为预示导向箭头在距离第 2 组导向箭头一定距离的位置设置,如图 6.6.10 所示。

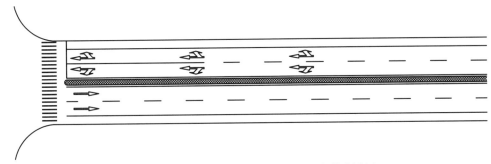

图 6.6.10　进口车道导向车道线和导向箭头设置

条文说明

导向车道线和导向箭头的设置是平面交叉设计中的重要内容,为加强对进口车辆的引导,进口引道导向箭头通常设置 3 组,第 2 组导向箭头至停止线之间路段设置导向车道线,禁止车辆在此路段变换车道。第 3 组导向箭头作为预示导线箭头告知驾驶人前方车道划分情况,便于驾驶人提前作出车道选择决定。

导向车道线长度和导向箭头间距应综合考虑路段设计速度和进口交通量选取，等待通行的车辆越多，导向车道线越长，以使导向车道内容纳更多车辆；路段车辆速度较高时，需要延长第3组与第2组导向箭头之间的距离，让驾驶人看到预示导向箭头后有足够的时间按照箭头指示选取车道。

6.7 非机动车及行人保护

6.7.1 非机动车和行人流量较大的路段，平面交叉宜为非机动车和行人留有通行通道。

6.7.2 非机动车和行人流量较大的平面交叉宜设置人行横道，穿城镇路段可根据非机动车、行人对交通流干扰程度设置信号控制。

6.7.3 非机动车流量较大时，平面交叉范围内硬路肩宽度不宜小于路段硬路肩宽度，设置机非隔离设施时，非机动车道宽度见表5.0.1-2。

6.7.4 设置实体交通岛的平面交叉，非机动车流量很小时，非机动车通道与人行通道并设，交通岛边缘可设置供非机动车通行的无障碍平坡或斜坡。路段设置非机动车道时，除需要为非机动车提供通行空间外，还应将非机动车道延伸至被交公路边缘，并加强非机动车路面标记设置，见图6.7.4。

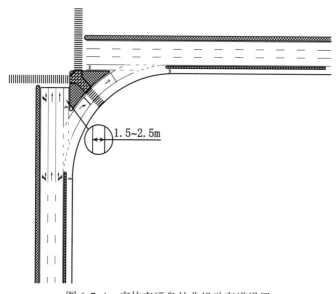

图6.7.4 实体交通岛处非机动车道设置

6.7.5 人行横道宜设置于驾驶人容易识别的位置。当人行横道长度大于16m时，宜设置二次过路设施。

附则

本《指南》所称现行规范,是指《公路工程技术标准》(JTG B01—2014)、《城镇化地区公路工程技术标准》(JTG 2112—2021)、《公路路线设计规范》(JTG D20—2017)、《公路交通安全设施设计规范》(JTG D81—2017)等现行标准规范。

本《指南》所称排查评估,是指按照《交通运输部办公厅 公安部办公厅关于印发〈公路安全设施和交通秩序管理精细化提升行动方案〉的通知》(交办公路〔2022〕14号)要求,交通运输部门联合公安部门对事故易发多发点段开展排查评估工作,并根据排查评估结果,确定需要进行交通安全设施精细化提升的路段。

在现行规范发布实施前,按照建设期规范建成通车的公路,经排查评估不需要进行交通安全设施精细化提升的路段,宜加强日常养护和管理,使公路及交通安全设施经常保持良好的技术状态。

经排查评估需要进行交通安全设施精细化提升的路段,具备条件的,参照现行规范进行提升。条件受限时,如路段近期有改扩建计划,宜结合公路改扩建工程、按现行规范进行提升;如路段近期无改扩建计划,经论证可采用本《指南》提供的解决方案进行提升。

本《指南》适用于公路安全设施和交通秩序管理精细化提升行动,是交通安全设施精细化提升的工程依据,不适用于在役公路安全隐患排查、新建和改扩建公路交通安全设施设计等工作。

附录 A 穿城镇路段确定方法

A.0.1 公路路侧店铺密集的商业开发强度大的路段，企事业单位密集路段，应结合运行速度、重要交叉口直行交通比例、路侧开发强度和路侧干扰等级、出入控制，按表 A.0.1 确定是否属于穿城镇路段。

表 A.0.1 穿城镇路段表征指标

分类指标	一般路段		穿城镇路段	
运行速度	80km/h 以上	60km/h 以上	60km/h 以上	40km/h 以上
重要交叉口直行交通比例	≥70%	≥50%	[30%，50%)	<30%
路侧开发强度	低	中	高	高
路侧干扰等级	1	2~3	4	5
出入控制	全部或部分控制出入	部分控制出入或接入管理	接入管理	视需要控制横向干扰

A.0.2 公路穿城镇路段要兼顾机动车、非机动车与行人通行需求，应结合路侧行人与非机动车出行特点、接入口分布等特点，计算路侧干扰等级。单方向路侧干扰值应按下式计算：

$$FRIC = a \times EEV + b \times PSV + c \times PED + d \times SMV + e \times TRA + f \times MOT \quad (A.0.2)$$

式中： $FRIC$——单向路侧干扰值；

EEV——每小时内每 100m 范围内的右侧支路进出主路的车辆数；

PSV——每小时每 100m 范围内的路侧停靠的机动车数量；

PED——每小时每 100m 范围内的路侧与横穿公路行人数；

SMV——每小时通过观测点的自行车、电动自行车、电动三轮车等非机动车数量(veh/h)；

TRA——每小时通过观测点的机动三轮车等慢车数量(veh/h)；

MOT——每小时通过观测点的摩托车数量(veh/h)；

a、b、c、d、e、f——各影响因素对路侧干扰等级的权重，其建议值如表 A.0.2 所示。

附录 A 穿城镇路段确定方法

表 A.0.2 路侧干扰权重取值

权重符号	a	b	c	d	e	f
建议值	0.17	0.16	0.13	0.15	0.19	0.20

A.0.3 路侧干扰等级根据路侧干扰值按表 A.0.3 确定。

表 A.0.3 路侧干扰等级分级表

路侧干扰等级	路侧干扰值 FRIC	典型状况描述
1	0~30	公路位于乡村人烟稀少地区,各类路侧干扰因素较少。或穿城镇路段主辅路采用物理隔离,严格接入控制
2	>30~70	公路设施两侧为农田、少量居民房屋,路侧开发强度低,有少量自行车、行人出行。或穿城镇路段主辅路采用物理隔离,侧分带有一定数量的接入口分布
3	>70~100	公路穿过村镇、路侧有停车需求,有一定的行人与非机动车出行,路侧有加油站、个别店铺,路侧有较少的接入口等,路侧开发强度中等。与主路无物理隔离,或采用物理隔离但侧分带有开口
4	>100~150	路侧街道化严重,存在居民区,商业中心等,路侧开发强度高,与主路无物理隔离,或采用物理隔离但接入口密集、无控制,交通流中有较多的非机动车混合行驶,行人出行多
5	>150	路侧街道化严重,开发强度高,路侧设有集市、摊位,与主路无物理隔离,机动车、非机动车和行人混行严重,交通秩序极差

条文说明

重要交叉口直行交通比例,主要反映穿城镇路段集散功能的有无和强弱。这一比例不是具体一个交叉口的指标,是这一路段内所有与公路、城市道路衔接的交叉口的平均指标,反应交通流的集散程度。

路侧开发强度,是"路域环境"的间接体现,从定性的角度,根据路侧店铺的密集程度、商业开发强度、工厂企业和居民小区的分布等,综合判断路侧开发强度。由于现场调研时很难对路侧行人非机动车进行长时间观测,非高峰时段也很难对路侧干扰进行准确计算,因此通过路侧开发强度能够侧面反映干扰情况。

路侧干扰等级,是"路域环境"的直接体现,从定量的角度,考虑右侧支路进出车辆数、路侧停靠的机动车数量、路侧与横穿公路人数、非机动车通行交通量、慢速机动车数量和摩托车数量等因素对机动车通行的干扰。

出入控制，是"安全"和"效率"方面的体现，反映了一般公路和穿城镇路段在满足高效出行和便捷出行等方面的不同需求，以及安全出行的共同需求。

综上，路侧干扰是判断穿城镇路段的最关键核心指标，受路侧开发强度、横断面布局、接入管理程度等因素共同影响。运行速度和交叉口直行交通比例是辅助验证指标。